El arte y la ciencia de las patinetas

Monika Davies

Smithsonian

Autora contribuyente

Allison Duarte

Asesores

Jeffrey Brodie
Especialista supervisor de programa del museo
Lemelson Center for the Study of Invention & Innovation
National Museum of American History

Stephanie Anastasopoulos, M.Ed.
TOSA, Integración de CTRIAM
Distrito Escolar de Solana Beach

Créditos de publicación

Rachelle Cracchiolo, M.S.Ed., *Editora*
Diana Kenney, M.A.Ed., NBCT, *Realizadora de la serie*
Véronique Bos, *Directora creativa*
Caroline Gasca, *M.S.Ed., Gerenta general de contenido*
Smithsonian Science Education Center

Créditos de imágenes: pág.4 Anatoliy Karlyuk/Shutterstock; pág.7 (superior, ambas) Dorling Kindersley/UIG/Bridgeman Images; pág.12 (superior) Ralph Morse/The LIFE Picture Collection/Getty Images; pág.12 (inferior) Pictorial Press Ltd/Alamy; pág.13 (superior) SZ Photo/Kurt Schraudenbach/Bridgeman Images; pág.14 (derecha) Bill Eppridge/The LIFE Picture Collection/Getty Images; pág.15 Moviestore collection Ltd/Alamy; págs.16–17 Aurora Photos/Alamy; pág.17 Charles Trainor Jr./KRT/ Newscom; pág.18 Evan Hurd/Alamy; págs.20–21 (superior, todas) Lee Aucoin; pág.24 Josiah True/WENN/Newscom; todas las demás imágenes cortesía de iStock y/o Shutterstock.

Library of Congress Cataloging-in-Publication Data

Names: Davies, Monika, author. | Smithsonian Institution, issuing body.
Title: El arte y la ciencia de las patinetas / Monika Davies.
Other titles: Art and science of skateboarding. Spanish
Description: Huntington Beach, CA : Teacher Created Materials, [2022] |
  Series: Soluciones creativas | "Niveles de lectura. Lexile: 820L.
  Lectura guiada: U"--Cover page 4. | Audience: Grades 4-6 | Summary:
  "Kick flip back in history and see the first skateboards in action.
  Investigate the how and the why behind modern skateboard designs. Then,
  watch the science of popular skateboard tricks in action. The
  skateboarding world is a high-energy place. It's full of dazzling tricks
  and dynamic science"-- Provided by publisher.
Identifiers: LCCN 2021049690 (print) | LCCN 2021049691 (ebook) | ISBN
  9781087644547 (Paperback) | ISBN 9781087645018 (ePub)
Subjects: LCSH: Skateboarding--Juvenile literature. | Sports
  sciences--Juvenile literature.
Classification: LCC GV859.8 .D38418 2022 (print) | LCC GV859.8 (ebook) |
  DDC 796.22--dc23/eng/20211207

Teacher Created Materials

5301 Oceanus Drive
Huntington Beach, CA 92649-1030
www.tcmpub.com
ISBN 978-1-0876-4454-7

Contenido

Nota del editor: Para andar en patineta, los lectores siempre deben usar protección, como cascos que se ajusten correctamente, muñequeras, rodilleras, coderas y calzado cómodo. Además, deben usar patinetas de buena calidad para evitar lesiones.

El parque de patinaje

¡Bienvenidos al parque de patinaje de la comunidad! Este espacio tiene rampas, escaleras y barandillas, y está repleto de patinadores. Algunos pasan como un rayo con su patineta y ruedan cuesta abajo por las rampas semiesféricas. Otros toman impulso, saltan a los bordillos y se deslizan por las cornisas con estudiado equilibrio. Una chica va a toda velocidad por la acera en línea recta. Flexiona las rodillas y da un salto, elevándose hacia el cielo, ¡mientras que la patineta se queda "pegada" a sus pies!

Todos aquí tienen diferentes niveles de experiencia. Aun así, hay un sentimiento de comunidad. Los principiantes aprenden de los más entrenados. Los veteranos practican juntos trucos nuevos. Si tienes ganas de probar —aunque a veces te caigas— el mundo de las patinetas está abierto para ti.

Los amantes de las patinetas están siempre abiertos a recibir nuevos miembros. También celebran la creatividad. A lo largo de la historia, este deporte ha tenido buenos y malos momentos. Pero siempre ha sido una forma de expresión. Para quienes lo practican, los trucos son un verdadero arte, uno que nunca se cansarán de perfeccionar y reinventar.

¡Hay mucho que explorar sobre el mundo de las patinetas! ¿Comenzamos?

Tony Hawk es un legendario campeón de patineta, y su truco más famoso fue el 900 (2 vueltas y media). Se cree que Hawk fue el primero en lograr ese truco.

Partes principales de una patineta

A primera vista, una patineta parece tener un diseño sencillo. ¡Después de todo, es una tabla de madera con ruedas! En realidad, las patinetas son mucho más que eso. Incluso las patinetas más sencillas tienen elementos de diseño muy pensados. Cada **aspecto** se ha ido mejorando con los años mediante prueba y error.

ARTE

El arte de la lija

La cinta de agarre tiene una superficie áspera como una lija. Como su nombre lo indica, facilita el agarre del patinador a la tabla. Algunos patinadores usan cinta de agarre y pintura para crear sus propios diseños originales. Ya sean sencillos o elaborados, esos diseños son una forma de expresión artística.

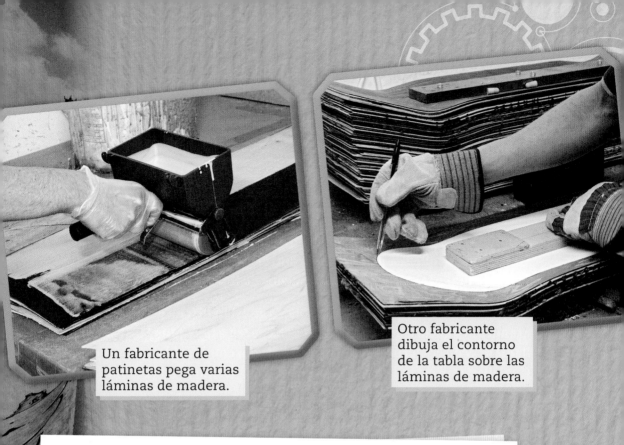

Un fabricante de patinetas pega varias láminas de madera.

Otro fabricante dibuja el contorno de la tabla sobre las láminas de madera.

La tabla

La **anatomía** de una patineta se divide en tres partes: la tabla, las ruedas y los ejes. La plataforma de madera donde se paran los patinadores se llama tabla.

Hoy en día, las tablas están hechas de madera de arce azucarero. Durante años, los **ingenieros** experimentaron con diferentes materiales para usar como base de la patineta. En el pasado, las tablas se hacían de aluminio o de plástico. Pero la madera de arce se convirtió en el material preferido. Eso se debe a su resistencia y **maleabilidad**. La madera de arce se dobla fácilmente. Eso permite a los fabricantes moldear la tabla de distintas maneras.

En general, la tabla está hecha de siete láminas, o capas, de madera. Las capas se unen firmemente con pegamento. Cuando el pegamento se seca, la tabla se moldea para darle la forma curva que conocemos.

Las tablas de las patinetas tienen distintos estilos. Sin embargo, la mayoría puede dividirse en dos categorías. La primera categoría es la patineta de tabla corta. Como su nombre lo indica, este estilo de tabla es el más corto del mercado y también el más popular y más fácil de reconocer. Las patinetas de tabla corta están diseñadas para hacer trucos y saltos, ya que son las más livianas.

La tabla corta tiene un diseño cóncavo único, que se levanta un poco en los bordes y en la punta y la cola de la tabla. Esa forma cumple dos funciones. La primera es hacer que la tabla sea más resistente. La segunda es que sea más fácil de controlar. Esta forma también es fundamental para poder realizar muchos de los trucos más conocidos.

Por otro lado, las patinetas de tabla larga están diseñadas para recorrer grandes distancias. Estas patinetas pertenecen a la segunda categoría. Se llaman "cruiser" (crucero) porque se deslizan con suavidad por las calles. Con ellas es más fácil doblar en las esquinas. Como la tabla es más larga, puede llevar ruedas más grandes.

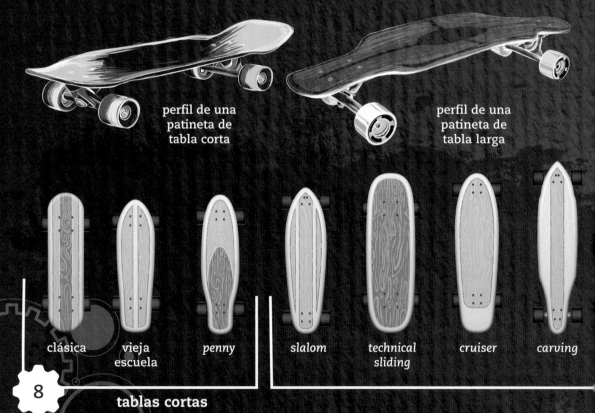

perfil de una
patineta de
tabla corta

perfil de una
patineta de
tabla larga

clásica   vieja   *penny*   *slalom*   *technical*   *cruiser*   *carving*
                 escuela   *sliding*

8

tablas cortas

Estas chicas practican con sus patinetas en un parque de patinaje.

| *freeriding* | *cruising* | de larga distancia | de velocidad | *boardwalking* | estilo *surf* |

tablas largas

Las ruedas

Si bien la tabla es el sistema de soporte de la patineta, las ruedas son lo que hace que se mueva. Las ruedas de las patinetas han cambiado mucho a lo largo del tiempo. En los comienzos, se probaron muchos materiales distintos, pero con poco éxito.

Las ruedas de poliuretano suavizaron —literalmente— los primeros **escollos.** El poliuretano es un tipo de plástico. Las ruedas de poliuretano comenzaron a usarse en la década de 1970, y con ellas las patinetas rodaron más suavemente (pero más despacio). La textura de ese material les dio a las ruedas más agarre y seguridad.

Hoy en día, las ruedas de poliuretano son la opción más escogida. Las patinetas vienen equipadas con cuatro de esas ruedas, resistentes y **duraderas.** Pero los usuarios pueden escoger entre diferentes tamaños, formas y durezas según su estilo específico de patinaje.

Los ejes

La pieza final del rompecabezas de la patineta son los ejes. Los ejes forman el sistema de dirección de la patineta. Son estructuras de aluminio o de otros metales. Esas estructuras dirigen las ruedas en las curvas, lo cual ayuda a controlar la patineta al andar.

Aunque no se ven, los ejes son una parte **esencial** de la patineta. Ese sistema permite controlar la dirección con solo inclinar el peso a uno u otro lado. Al inclinarse a la derecha, la patineta irá a la derecha. Al inclinarse a la izquierda, irá a la izquierda.

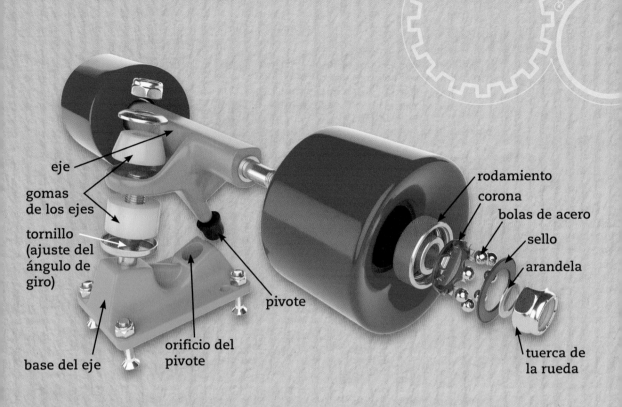

eje

gomas
de los ejes

tornillo
(ajuste del
ángulo de
giro)

base del eje

orificio del
pivote

pivote

rodamiento

corona

bolas de acero

sello

arandela

tuerca de
la rueda

Altibajos

Los ejes vienen en alturas diferentes. La diferencia de altura es solo un par de milímetros, pero esa pequeña diferencia significa mucho. Con un eje bajo, la patineta está más cerca del suelo, lo que la hace más estable. El eje alto es más pesado, pero la patineta está más alejada del suelo. Algunos piensan que eso ayuda a hacer saltos más altos. Cada altura se diseña para un estilo de patinaje específico.

Una historia sobre ruedas

A lo largo de las décadas, han cambiado la forma, los materiales, las ruedas y hasta la función de las patinetas. Hagamos una pirueta hacia atrás y echemos un vistazo a la historia de las patinetas.

Década de 1950: la patineta moderna entra en escena

En la década de 1940, las primeras patinetas eran de cajones de madera. En la década de 1950, unos surfistas californianos crearon las patinetas modernas. Las mareas no siempre son buenas para surfear, y entonces los surfistas buscaron otras formas de divertirse cuando no podían estar en el mar. Así surgió la idea de "surfear la acera".

Un niño construye una patineta con la madera de un cajón de naranjas en 1947.

Las primeras patinetas teran muy básicas. Eran tablones de madera unidos a ruedas de patín. Las personas se subían a este nuevo invento y bajaban por pasarelas de madera. Imitaban el movimiento de surfear las olas.

Década de 1960: mejoras memorables

Un grupo de jóvenes participa en una competencia de patinetas en 1962.

Larry Stevenson era un guardavidas californiano. Desde su puesto de vigilancia, veía a las personas que andaban en endebles patinetas caseras. Sabía que podían mejorarse.

Él hizo dos diseños clave. Primero, usó ruedas de arcilla. Estas tenían más tracción, lo cual facilitaba frenar y girar. Segundo, Stevenson obtuvo la patente de un nuevo diseño llamado *kicktail*, que son los extremos de la tabla doblados hacia arriba. Ese diseño revolucionó las patinetas y allanó el camino para nuevos trucos.

Dos amigos andan en patineta en la década de 1950.

Surfear
la acera

Ruedas
de arcilla

década
de
1950

década
de
1960

Antes de que se crearan las ruedas de arcilla, ¡las primeras patinetas tenían ruedas de acero! Esas ruedas eran peligrosas, ya que no tenían tracción y podían girar sin control.

13

1965: caen las ventas

La diversión en patinetas iba sobre ruedas. Pero, en 1965, se frenó en seco. La seguridad estaba en la mira. Los expertos en salud opinaban que ese deporte era una "amenaza". Muchas tiendas dejaron de vender patinetas. Muchos padres cancelaron las órdenes de compra de patinetas para sus hijos y las ventas cayeron en picada.

1972: el plástico entra en escena

En 1972, un hombre llamado Frank Nasworthy cambió la historia de las patinetas. Lo hizo con una idea sencilla: las ruedas de poliuretano.

Las ruedas de los patines ya se hacían con poliuretano. Nasworthy usó ese tipo de plástico para hacer las ruedas de las patinetas. ¡Fue un éxito! Esas nuevas ruedas les dieron a las patinetas un andar más suave y seguro. Las ruedas de poliuretano se siguen usando hoy en día.

Unos niños chocan en sus patinetas, en 1965.

1975: los Z-boys llegan zumbando

En 1975, un grupo de 12 jóvenes (11 varones y 1 mujer), conocidos como los Z-boys, participaron en un concurso. Dejaron fascinada a la multitud con sus valientes trucos. Antes, se pensaba que la patineta era un deporte soso. Pero los trucos de los Z-boys le mostraron al mundo otra cosa. Su estilo terminaría definiendo este deporte para siempre. Hoy en día, los Z-boys son considerados una leyenda.

A comienzos de la década de 1960, la mayoría de los que andaban en patineta corrían carreras por pendientes o hacían estilo libre. El *estilo libre* se refiere a los trucos que se hacen sobre terreno llano.

Peggy Oki, miembro de los Z-boys, baja con su patineta por una pendiente.

Deporte "amenaza"	Ruedas de poliuretano	Z-boys legendarios
1965	1972	1975

1976-78: nuevas superficies

A fines de la década de 1970, California sufrió una **sequía**. Para ahorrar agua, muchas personas vaciaron sus piscinas. Esas cavidades de hormigón vacías se convirtieron en un nuevo tipo de superficie para explorar. Los fanáticos de las patinetas patinaban dentro de las piscinas vacías y subían por sus muros. Por años, solo habían patinado en superficies horizontales. En las piscinas, ¡ahora tenían superficies verticales!

En la década de 1970, hasta las obras en construcción se usaban para andar en patineta. Las gigantes tuberías de desagüe les permitían a los patinadores probar nuevos trucos en superficies verticales. Esa práctica, insegura e ilegal, se abandonó en la década de 1980.

Exploración vertical	Se inventa el *ollie*	Patineta urbana
1976	1978	década de 1980

1978: los orígenes del ollie

En 1978, Alan "Ollie" Gelfand inventó una manera de hacer volar su patineta. Al patinar por rampas y piscinas, podía saltar por el aire ¡y la patineta lo acompañaba! Ese truco se conoció como *ollie*. Tres años después, Rodney Mullen creó una manera de hacer un *ollie* sin necesidad de usar una rampa. Así nacieron el *ollie* en terreno llano y otros trucos que hoy es común ver en la calle.

1980: un movimiento alternativo

El fenómeno de las patinetas siguió creciendo a medida que se abrían nuevas pistas de hormigón. Pero, en la década de 1980, los seguros contra accidentes que esos lugares debían pagar estaban aumentando mucho. El diseño de los parques de patinaje no era seguro, y se estaban lastimando demasiadas personas.

Sin embargo, los amantes de las patinetas siguieron practicando. Se crearon pequeñas empresas de patinetas que fabricaron y probaron nuevos diseños. Debido a la inseguridad en los parques de patinaje, muchas personas sacaron sus patinetas a la calle, y la práctica se hizo más **urbana**.

Gelfand con su patineta en un *bowl*, en 2004

1995: los primeros X Games

En 1995, las patinetas captaron finalmente la atención de los **medios de comunicación dominantes**. El canal de deportes ESPN presentó los primeros X Games. Los X Games son un evento deportivo que pone el foco en los deportes **alternativos**.

Los juegos televisados resultaron ser un gran acontecimiento. Gracias a eso, aumentó la audiencia de este deporte. Eso fue clave para cambiar la visión de la opinión pública. Los televidentes miraban los complejos trucos de patineta. Muchos veían este deporte en acción por primera vez.

Antes de los X Games, la patineta era un deporte marginado. No muchos sabían de su existencia. Tras los X Games, andar en patineta empezó a considerarse como un deporte profesional.

Se presenta en TV

Deporte común

1995

década de 2000

Lyn-Z Adams participa en los X Games.

Década de 2000: patinetas por doquier

Hoy es común ver chicos andando en patineta. Los parques de patinaje son parte del paisaje. También hay una gran variedad de patinetas en cualquier tienda de deportes. Comenzar ese deporte es más fácil que nunca.

Antes, andar en patineta era un pasatiempo no convencional. Ahora es un deporte muy difundido. ¡Y la creatividad sigue siendo su motor principal!

Una arquitecta diseña un parque de patinaje en su computadora.

TECNOLOGÍA

Diseñar el parque de patinaje perfecto

Con el tiempo, las piscinas vacías dieron lugar a los parques de patinaje de hormigón. Esas pistas son el producto de la tecnología. Los ingenieros usan programas de computadora para diseñarlas. Crean modelos tridimensionales de los parques, diseñan las áreas para los diferentes trucos, e incluso pueden estudiar el suelo subterráneo. Los constructores pueden contar con un modelo virtual antes de empezar a cavar.

Trucos: una guía práctica

Los trucos son parte del arte de la patineta, y ninguno sería posible sin las fuerzas y el movimiento. Observa cómo se hacen estos tres trucos básicos: el giro, el *ollie* y el *grind*.

Cómo hacer el giro

El *ollie* siempre ha sido el truco de patineta más característico, pero la mayoría de los principiantes deberían aprender primero a hacer el giro. El giro es el truco más básico. Tienes que empujar la cola de la tabla hacia abajo, haciendo presión sobre las ruedas traseras. La fuerza eleva la punta de la tabla y tú la haces girar con el movimiento del cuerpo. En esencia, ¡el giro te ayuda a cambiar de dirección! Los giros pueden ser de diferentes ángulos.

El giro es un truco fundamental para andar en patineta. Para lograrlo, hay que tener muy buen equilibrio. Practicar el giro ayuda a los principiantes a mantenerse firmes sobre la tabla. También los ayuda a moverse en la misma dirección que la tabla y no en la dirección contraria.

MATEMÁTICAS

Ángulos de giro

Cuando un principiante intenta hacer un giro, es posible que solo logre girar la tabla en ángulos pequeños. Pero, con el tiempo, puede aprender a hacer giros de 180 grados, ¡o incluso de 360! ¿Qué significa eso? Un cuarto de giro equivale a un ángulo de 90 grados, mientras que medio giro equivale a 180 grados. Y un giro completo tiene 360 grados.

360°

90°

180°

Cómo hacer el ollie

Llegar a dominar un *ollie* es el desafío número uno de todo principiante. El *ollie* es un truco en el que saltas alto junto con la tabla. Al principio parece imposible, pero con la práctica se puede realizar.

Para hacer un *ollie*, tienes que pararte bien sobre la tabla. El pie trasero debe estar en la cola de la tabla y el pie delantero debe estar en el medio.

Luego, flexionas las rodillas, golpeas con el pie trasero la cola de la tabla con la mayor fuerza posible y saltas. Se necesita mucha práctica para lograr ese movimiento con fluidez.

paso 1

paso 2

paso 3

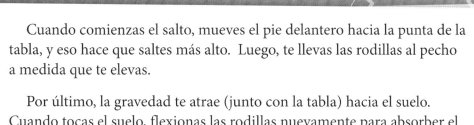

Cuando comienzas el salto, mueves el pie delantero hacia la punta de la tabla, y eso hace que saltes más alto. Luego, te llevas las rodillas al pecho a medida que te elevas.

Por último, la gravedad te atrae (junto con la tabla) hacia el suelo. Cuando tocas el suelo, flexionas las rodillas nuevamente para absorber el impacto del aterrizaje.

¡Aprender este truco lleva tiempo y esfuerzo! Pero, una vez que logras dominarlo, te da el impulso que necesitas para intentar saltos más difíciles.

paso 5

paso 4

CIENCIAS

La ciencia detrás de un *ollie*

Aunque el *ollie* parece desafiar a la gravedad, este truco es posible gracias a la ciencia. Cuando flexionas las rodillas, **ejerces** una fuerza sobre la cola de la tabla. Cuanto más las flexionas, mayor será la fuerza y más alto será el salto. La fuerza que ejerces sobre la cola hace que se eleve la punta de la tabla. Esas fuerzas trabajan juntas para vencer la gravedad y elevarte en el aire.

23

Cómo hacer el *grind*

Una vez que dominas el giro y el *ollie*, puedes pasar al *grind*. El *grind* es un truco en el que usas objetos que están a tu alrededor.

Para hacer un *grind*, debes deslizarte por un borde, como el cordón de la acera, una cornisa o una barandilla, usando los ejes de la patineta. El *grind* más básico se conoce como 50–50, que es cuando te deslizas con la parte media de ambos ejes de tu tabla.

El primer paso para hacer un *grind* es escoger el borde por el que te deslizarás. Muchos principiantes comienzan por los bordillos. Los bordillos son fáciles de encontrar en los parques de patinaje y tienen bordes lisos cubiertos de metal.

Una vez que escogiste un bordillo, te alejas de él una buena distancia. Entonces, te impulsas con la patineta, vas ganando velocidad y haces un *ollie* para subirte al bordillo. Una vez que estás ahí, te deslizas mientras mantienes tu peso en equilibrio. Al final del bordillo, saltas y aterrizas horizontalmente en el suelo en un solo movimiento.

En el mundo de las patinetas, cada truco te ayuda a adquirir habilidades que necesitarás para el siguiente. Una vez que aprendiste el giro, el *ollie* y el *grind*, tienes la base para aprender trucos más difíciles.

El récord mundial del *ollie* más alto es de 114 centímetros (45 pulgadas). El récord mundial del *grind* 50–50 más largo es de 62 metros (204 pies).

Jagger Eaton batió el récord mundial de *grind* 50–50 en 2016.

Un chico hace un *grind* 50–50 con su patineta.

Arte en movimiento

El mundo de las patinetas ha cambiado mucho con los años. Es un deporte que tuvo muchas dificultades en sus comienzos. Hoy, ese mundo sigue creciendo. Los innovadores parques captan a nuevos seguidores. Son excelentes lugares para que los principiantes aprendan y progresen.

En este deporte, se incentiva la creatividad. Siempre se inventan trucos. Los ingenieros buscan formas innovadoras de construir los parques de patinaje. Y los diseñadores tratan de multiplicar las posibilidades de las patinetas.

Si bien andar en patineta no es una actividad de equipo, los miembros de esta comunidad se apoyan entre sí. Forman un grupo unido que busca ayudarse. Pero, a fin de cuentas, cada cual decide por sí mismo. Cada cual decide qué trucos probar. Y cada cual se forja la disciplina para mejorar.

Cada día, los jóvenes tienen ideas nuevas. Se expresan haciendo distintos trucos. Esa creatividad hace que andar en patineta sea algo más que un deporte. ¡Hace que sea arte en movimiento!

Un chico se desliza con su tabla por una barandilla.

¡La patineta ahora es un deporte olímpico®! A partir de los Juegos de Verano de Tokio 2020, los competidores de este deporte tienen la posibilidad de llevarse a casa una medalla de oro por sus trucos.

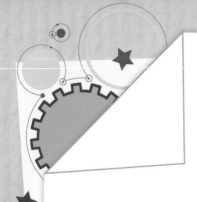

DESAFÍO DE CTIAM

Define el problema

Los ingenieros tienen en cuenta muchas cosas a la hora de diseñar parques de patinaje seguros y originales. Ponen a prueba el tamaño, el ángulo, el material de la superficie y la forma de las rampas para que los deportistas puedan usarlas para practicar e inventar trucos. Tu tarea es diseñar y construir un modelo para un nuevo parque de patinaje en tu comunidad.

Limitaciones: El diseño debe ser seguro y útil para los patinadores. Debe incluir al menos tres atracciones donde puedan practicar sus giros, *ollies* y *grinds*. Debe tener áreas seguras tanto para principiantes como para expertos.

Criterios: Tu modelo debe mostrar con claridad las diferentes áreas del parque donde se pueda practicar cada truco de manera segura.

Investiga y piensa ideas

¿Qué tipos de herramientas usan los ingenieros para diseñar los parques de patinaje? ¿Qué atracciones son más populares entre los principiantes? ¿Qué atracciones son populares entre los expertos?

Diseña y construye

Bosqueja tu diseño. ¿Qué propósito cumple cada parte? ¿Cuáles son los materiales que mejor funcionarán? Construye el modelo.

Prueba y mejora

Prueba tu modelo. Usa un trozo de un palito de manualidades y tus dedos para mostrar cómo deberían hacerse los trucos. ¿Funcionó tu parque de patinaje? ¿Cómo puedes mejorarlo? Modifica tu diseño y vuelve a intentarlo.

Reflexiona y comparte

¿Cómo modificarías las atracciones si la mayoría de los visitantes fueran principiantes? ¿Cuáles fueron las mayores dificultades que tuviste al diseñar tu parque?

Glosario

alternativos: que existen fuera de la sociedad establecida

amenaza: posible riesgo o peligro

anatomía: las partes que forman algo

aspecto: elemento o característica

cóncavo: se refiere a algo que tiene una forma parecida al interior de un cuenco o tazón

duraderas: que resisten el paso del tiempo

ejerces: aplicas una fuerza o realizas una acción para hacer algo

escollos: obstáculos, dificultades

esencial: necesario y extremadamente importante

imitaban: creaban el mismo efecto

ingenieros: personas que diseñan y construyen productos, máquinas, sistemas o estructuras basándose en sus conocimientos científicos

maleabilidad: la capacidad de un material de ser moldeado o modificado

mareas: el movimiento regular de subida y bajada del nivel del mar

medios de comunicación dominantes: estaciones de radio, televisión y periódicos que comunican las opiniones y creencias de la mayor parte de la sociedad

patente: un documento oficial que garantiza que un inventor puede fabricar, usar y vender lo que inventó

sequía: un largo período en el que las lluvias son escasas o directamente no llueve

soso: aburrido; que no es interesante ni emocionante

tracción: la fuerza que hace que un objeto que está en movimiento permanezca en contacto con la superficie por la que se mueve

urbana: relacionada con la ciudad

Línea cronológica de las patinetas

| Surfear la acera | Ruedas de arcilla | Deporte "amenaza" | Ruedas de poliuretano | Z-boys legendar... |

década de 1950 · década de 1960 · 1965 · 1972 · 1975

Índice

Exploración vertical

Se inventa el *ollie*

Patineta urbana

Se presenta en TV

Deporte común

1976

1978

década de 1980

1995

década de 2000

¿Quieres trabajar con patinetas?
Estos son algunos consejos para empezar.

"Para entender el mundo de las patinetas, solo tienes que tratar de andar en una. Además, los deportes, la historia, la física, las matemáticas, la tecnología y el diseño juegan un papel fundamental en esa actividad. Estudiando cualquiera de estas disciplinas, podrás ser parte de la historia de las patinetas". —*Jeffrey Brodie, especialista de programa*

"Dominar la patineta no solo consiste en hacer trucos. Muchos artistas y cineastas de nuestro país dicen que andar en patineta les ha enseñado mucho sobre ética profesional. Además, el estado atlético, la audacia y la creatividad son cualidades que definen a quienes practican este deporte. Si posees esas cualidades, puedes ser parte del mundo de las patinetas ¡aunque nunca te hayas subido a una!". —*Betsy Gordon, curadora*